Liebe Schülerin, lieber Schüler,

so macht Französischlernen Spaß:

In deinem «Cahier de vacances» heißen die «Leçons» **Sac à dos**, was Rucksack auf Deutsch bedeutet. Du steckst dein Cahier in deinen Rucksack rein und machst am Strand, im Gebirge, auf dem Land, während der Ferien, am Nachmittag nach der Schule oder im Schwimmbad eine Sac à dos-Einheit.

Sac à dos 1 entspricht der ersten «Leçon» aus deinem Lehrwerk, Sac à dos 2 der zweiten usw.

Zwei Einheiten haben wir **Station** genannt. Sie wiederholen jeweils die davor geübten drei Einheiten.

Das Tolle ist, dass du dein eigener Meister bist und alles alleine bearbeiten kannst. Die Lösungen zur Kontrolle deiner Übungen findest du im eingelegten **Lösungsheft**. Wenn du mit einer Sac à dos-Einheit oder Station fertig bist, überprüfst du, ob alles stimmt.

Nun viel Vergnügen mit deinem Cahier de vacances!

Inhalt

Die Lösungen findest du in dem eingelegtem **Lösungsheft**.

Sac à dos 1

1 *Übermale die Buchstaben X, Y und Z. Aus den restlichen zwölf Buchstaben kannst du zwei Wörter bilden, die du zur Begrüßung benötigst. Notiere sie.*

O	Y	X	Y	S	Y	Z	X	Z	Y
T	Y	Z	Y	Y	Z	X	Y	Z	X
X	Y	Z	L	X	Y	Z	X	Y	Z
A	X	Y	Z	X	Y	Z	X	Y	U
X	Y	Z	R	Z	X	Z	X	Y	Z
X	Y	Z	X	U	Z	B	X	N	Z
J	Y	X	Z	X	Y	O	Z	X	Y

____

____

2 *Ergänze die Wörter und kreise die richtigen Artikel ein.*

1. un – une c _ _ _ n
2. un – une _ o _ _ è _ e
3. un – une v _ _ t _ _ _
4. un – une g _ _ ç _ _
5. un – une _ h _ t
6. un – une f _ _ l _
7. un – une _ u _
8. un – une p _ _ f _ s _ _ u _
9. un – une m _ _ s _ _ _ r
10. un – une _ o _ _ _ a u

3 *Zwei böse Schlangen haben Sätze aufgefressen. Nun sind die Wörter nicht mehr an ihrem richtigen Platz, die Kommas verschwunden und alle Buchstaben klein geschrieben. Versuche, die Sätze zu rekonstruieren.*

1. 

2. 

1. ______________________________

2. ______________________________

4 *In der Druckerei gab es Fehler. Daher sind die folgenden Sätze total verrückt geworden. Anhand der richtigen Wörter, die auf dem Bildschirm des Computers zu sehen sind, kannst du die Sätze korrigieren.*
Streiche einfach das falsche Wort bzw. die falschen Wörter in dem Satz durch und kreise das richtige bzw. die richtigen auf dem Bildschirm ein. Verwende verschiedene Farben. Setze den neuen Text anschließend mit einem Pfeil in den Satz ein.

1. Théo est une rue.
2. Emma est un professeur.
3. Je m'appelle «voiture».
4. Thomas est un prénom de fille.
5. Amandine est un chien.
6. Voici un, deux, trois.

5 *Zersplitterte Wörter: Bilde sechs Wörter aus den Silben. Manche Wörter sind zweisilbig, andere dreisilbig.*

bi – nue – re – ment – le – mand – sym– com – pa – ma – ve – me – zar – al – da – bien

1. ______________________
2. ______________________
3. ______________________
4. ______________________
5. ______________________
6. ______________________

6 *Addiere oder subtrahiere die Zahlen und notiere das Ergebnis. Schreibe die Zahlen aus.*

1. 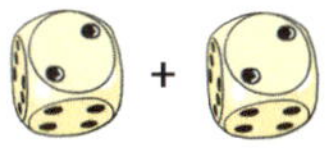 = ______________________
2. 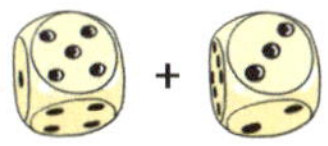 = ______________________
3. 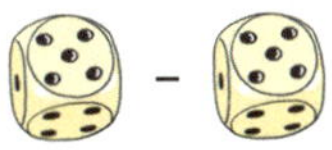 = ______________________
4. 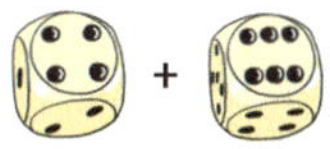 = ______________________
5. 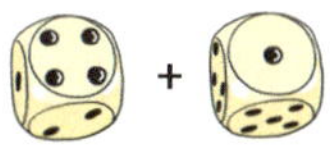 = ______________________
6. 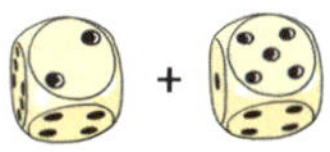 = ______________________

7 *Unglaublich aber wahr! Du befindest dich nach ein paar Stunden Französischunterricht in Paris. Dort triffst du einen netten Franzosen. Ihr sprecht miteinander. Was sagst du? Schreibe den Text in die Sprechblasen.*

8 **a** *Lies den Text.*

Léo: Tu es une nouvelle[1]?
Marie: Oui. Je suis de Berlin.
Léo: Tu es de Berlin?
Marie: Oui. Papa est de Berlin. Maman est de Paris. Je suis de Berlin et de Paris.

Léo: Sympa! Tu t'appelles comment?
Marie: Marie!
Léo: C'est un prénom de Berlin et de Paris?
Marie: Oui!
Léo: Marie, c'est le prénom. Marie … comment?
Marie: Marie Schlanstein.
Léo: Ah! Schlan … euh …

Marie: Et toi, tu t'appelles comment?
Léo: Léo Bonnet.
Marie: Bonnet?
Léo: Oui, comme[2] un «bonnet[3]».
Marie: «Mütze», en allemand!
Léo: Mütze …
Marie: … Super!

Léo: Papa est de Marseille. Maman, de Paris.
Marie: Ok. Ça va, toi?
Léo: Bof! C'est la rentrée[4]. Et toi?
Marie: Moi, ça va. Au revoir, monsieur Léo Mütze.
Léo: Au revoir, Marie … euh …

b *Markiere alle Formen des Verbs **être**.*

c *Erzähle, was du verstanden hast.*

1. Welches sind die Vor- und Nachnamen der beiden?

____

2. Woher kommt Marie? Woher kommen ihre Eltern? Woher kommen Léos Eltern?

____

____

____

3. Und nun bist du dran! Stelle dich kurz vor.

____

____

1 une nouvelle eine Neue – **2 comme** wie – **3 un bonnet** eine Mütze – **4 la rentrée** der Schulanfang

Sac à dos 2

1 *Schaue dir die Zeichnung an und notiere wo die Personen, Dinge und Tiere sind. Verwende dabei die angegebenen Präpositionen.*

sous | sur | devant | derrière | avec | dans

1. Un garçon entre ____.
2. L'affiche est ____.
3. Le chien ____.
4. Le chat ____.
5. Un bloc à dessin ____.
6. Une dame[1] ____.

---

1 une dame eine Dame

2 *Finde die passenden Antworten zu den Fragen. Notiere.*

1. Qui est-ce?
2. Qui est Christian?
3. Qu'est-ce que c'est?
4. Il est où, le garçon?
5. Que fait la dame?

a. C'est un dessert.
b. Elle quitte le magasin.
c. C'est le garçon avec le chien.
d. Il est dans le magasin.
e. C'est le nouveau.

1. ___ 2. ___ 3. ___ 4. ___ 5. ___

Bei ***tu*** wird ***-es*** an den Stamm der Verben auf ***-er*** angehängt.

3 *Schaue dir die jeweilige Zeichnung an und finde heraus, um welche Aktivität es sich handelt. Notiere dann das Verb in der entsprechenden Verbform.*

1. j' ______________

2. tu ______________

3. tu ______________

4. elle ______________

5. elle ______________

6. il ______________

7. on ______________

8. elle ______________

9. tu ______________

10. je ______________

4 *Ergänze die passenden Fragen zu den Antworten.*

1. ____?
   – C'est une affiche.

2. ____?
   – Malika dessine un arbre.

3. ____?
   – Anne est dans le magasin.

4. ____?
   – Christian, c'est le nouveau.

5. ____?
   – C'est Léo.

5 *Die Schlangen haben alle Wörter aufgefressen. Deshalb gibt es keine Sätze mehr. Rekonstruiere die Sätze und notiere sie.*

1. ____

2. ____

3. ____

6 *Betrachte beide Bilder ganz genau. Markiere auf dem unteren Bild, die Dinge, Tiere und Personen, die anders sind oder sich an einem anderen Ort befinden als auf dem oberen Bild. Notiere sie anschließend zusammen mit dem bestimmten Artikel.*

un bloc à dessin

1 a *Lies den Text.*

Léo: Salut, Marie!
Marie: Bonjour, monsieur Bonnet, en allemand, Mütze, bonjour, Herr Mütze!
Léo: Moi, ça va. Et toi?
Marie: Bof …
Léo: Bof? Où est le problème?
Marie: Oui. Ma chambre, c'est la salle de bains.
Léo: Ta chambre, c'est la salle de bains?
Marie: Mon lit est dans la salle de bains.
Léo: C'est bizarre …
Marie: Non. Mes parents rénovent[1] l'appartement. Ma chambre, aussi.
Léo: Et ton frère?
Marie: Mon frère? Son lit est dans la cuisine.
Léo: Sympa! Tu dessines?
Marie: Oui, sur mon lit, dans la salle de bains. Et toi, tu dessines?
Léo: Non. Je regarde la télé. On visite le quartier?
Marie: D'accord.

C'est bizarre!

b *Markiere die Possessivbegleiter.*

c *Stimmen die Sätze? Das entscheidest du, indem du entweder **vrai** (richtig) oder **faux** (falsch) ankreuzt.*

	vrai	faux
1. Le nom de Léo, c'est «Bonnet».	☐	☐
2. Léo et Marie téléphonent.	☐	☐
3. Marie regarde la télé.	☐	☐
4. Le lit de Marie est dans la cuisine.	☐	☐
5. Les parents de Marie rénovent l'appartement.	☐	☐
6. Léo dessine sur son lit.	☐	☐

1 **rénover** renovieren

2 *Lies dir die Verben auf dem Zeichenblock durch und ergänze die Sätze mit dem jeweils passenden Verb.*

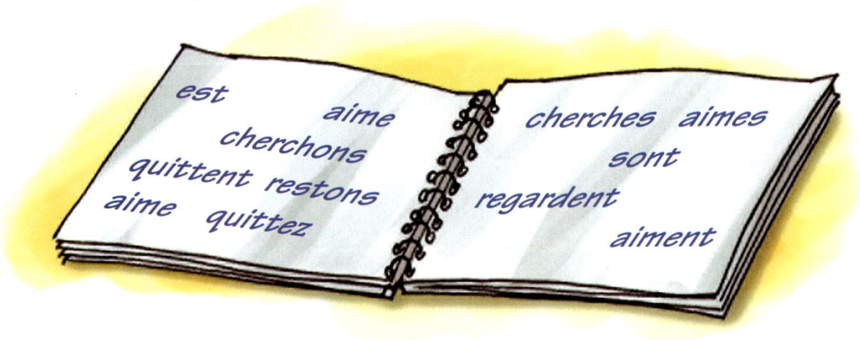

1. – Mes parents ______________________ le quartier.

   – Vous ______________________ aussi le quartier?

   – Non, nous ______________________ dans le quartier.

2. – Où ______________________ mon bloc à dessin?

   – Tu ______________________ ton bloc à dessin?

   – Oui. Anne et moi, nous ______________________ mon bloc!

3. – Le soir, les parents de Léo ______________________ la télé.

   Ils ______________________ devant la télé.

4. – Le papa de Marie ______________________ le silence.

   – Mes professeurs ______________________ le silence. Et toi?

   Tu ______________________ le silence?

   – Moi j' ______________________ la guitare électrique, les chiens et Paris!

3 *Ergänze die fehlenden Buchstaben und den bestimmten Artikel. Setze dann alles in den Plural.*

1. ________ p _ o _ r _ _ _ _ i _ _ → ____________________
2. ________ a _ _ _ n _ _ → ____________________
3. ________ p _ _ _ _ è _ _ → ____________________
4. ________ _ a _ l _ _ _ e → ____________________

4 *Ergänze den Dialog mit den passenden Formen von* ***être****.*

Marie: Salut!
Léo: Salut!
Marie: Vous ____________ où, Anne et toi?
Léo: Nous ____________ au collège. Et toi?
Marie: Je ____________ sur mon lit.

Je ____________ malade[1].

Léo: Tu ____________ malade?
Marie: Oui.
Léo: Le prof d'allemand ____________ malade.
Marie: Il ____________ malade?

Léo: Oui. La prof de français[2] ____________ aussi malade.
Marie: C'____________ la grippe[3]?
Léo: Oui, la grippe.
Marie: Mes chiens ____________ sous mon lit.
Léo: La grippe?
Marie : Non. Mes gommes. Ils ont mangé[4] mes gommes …

---

1 malade krank – **2 la prof de français** die Französischlehrerin – **3 la grippe** die Grippe – **4 ils ont mangé** sie haben … aufgefressen

5 *Notiere die Räume oder Objekte, auf die der jeweilige Pfeil zeigt. Schreibe zu jedem Nomen den bestimmten Artikel. Damit du es nicht so schwer hast, haben wir für dich die Wörter, die du brauchst, im Kasten angegeben.*

salle à manger – étagère – salle de bains – affiche – guitare – copain – copine – photo – ordinateur – chien – poubelle – chambre – lit – cuisine

Station 1

Activités pour des champions

1 *Du bist schon ganz schön fit auf Französisch und kannst andere begrüßen und dich von ihnen verabschieden. Notiere, was du in den angegebenen Situationen sagst.*

1. Du triffst einen Freund / eine Freundin auf der Straße. Wie begrüßt du ihn / sie?

   ____

2. Wie begrüßt du Frau und Herrn Schlanstein?

   ____

3. Du verabschiedest dich von Freunden. Was sagst du?

   ____

2 *Ergänze das Gespräch mit den passenden Fragewörtern.*

1. C'est ______________________ ?
   – C'est un dessin de Léo.

2. Léo est ______________________ ?
   – Il est dans le magasin.

3. ______________________ fait Léo?
   – Il cherche des crayons et des gommes.

4. Tu t'appelles ______________________ ?
   – Je m'appelle Marie.

3 *Du kennst schon alle Personalpronomen. Ordne sie der Reihenfolge nach: **ich, du, er, sie, es (man), wir, ihr, sie**, indem du die entsprechende Ziffer in das Kästchen hineinschreibst. Füge nun die passende Form des Verbs **être** hinzu.*

☐ elles ____________	☐ vous ____________	☐ elle ____________
☐ on ____________	☐ tu ____________	☐ nous ____________
☐ ils ____________	1 je ____________	☐ il ____________

4 *Bestimmter und unbestimmter Artikel sind für dich sicherlich ein Kinderspiel! Ergänze den Text mit dem passenden Artikel.*

le, la, l', un, une, des

Dans mon appartement, il y a trois pièces, __________ cuisine, __________ salle à manger et __________ salle de bains. Dans __________ salle à manger, il y a __________ photos. __________ ordinateur est dans ma chambre. Dans mon appartement, il y a aussi __________ chiens et __________ chat. C'est __________ paradis!

5 *Die Verben auf **-er** kennst du auch schon. Ergänze diese Mail von Alex an seinen deutschen Freund Karl mit den angegebenen Verben.*

Salut Karl,

Je __________ de Toulouse. Maintenant, j'__________ à Paris, dans un appartement. Nous __________ le quartier: il y a des magasins, mon collège, mes copains et mes copines, des squares. Dans les squares, nous __________ la nature: nous __________ les papiers et les bouteilles. Et vous, vous __________ la nature? Mon frère __________ dans ma chambre avec sa guitare. Une question: tu __________ la guitare électrique? Moi, non. J'__________ le silence. Mes parents __________ Paris. Au revoir, ton ami Alex

aimons – entre – respectons – respectez – habite – suis – aimes – ramassons – visitent – aime

Sac à dos 4

1 *Schaue dir das Bild an und beschreibe, was die Kinder machen.*

1. Léo et Marie ______________________________

2. Anne et ses copains ______________________________

3. Paul ______________________________

4. Christian ______________________________

5. Thomas et Emma ______________________________

6. Malika ______________________________

7. Nicolas et Paulette ______________________________

8. Luc et Amélie ______________________________

2 *Bilde verneinte Sätze mit Hilfe der Bilder und der angegebenen Wörter.*

Du kannst dir die Verneinung mit ***ne … pas*** auch wie ein Sandwich vorstellen.

1. Monsieur Schlanstein – sympa

____

____

2. Anne et Léo – respecter – la nature

____

____

3. Paul – écouter – les CD

____

____

4. Paul – être – dans la rue

____

____

5. Anne – jouer – avec – son chat

____

____

6. Paul – téléphoner

____

____

3 *Ergänze die Sätze mit* ***du, de la*** *oder* ***des.***

1. Paul fait ________ sport.
2. Tu trouves les photos ________ propriétaire?
3. Léo fait ________ flûte.
4. Anne fait ________ théâtre.
5. Christian regarde une photo ________ maison.
6. C'est le piano ________ voisins.
7. Mes parents font ________ roller.
8. Tania fait ________ danse.
9. Je cherche la solution ________ problèmes.

4 *Kreise in Rot das Verb* ***avoir*** *und in Grün das Verb* ***faire*** *ein.*
Es gibt aber eine Verbform, die zu keiner der beiden Konjugationen passt.
Wer ist „der Eindringling"? Notiere ihn.

____

5 *Vervollständige die Rechnungen. Notiere die fehlenden Zahlen in Buchstaben.*

1. 10 + 10 + ______________ = 30
2. 29 − 8 = ______________
3. ______________ − 5 = 12
4. 6 + ______________ = 11
5. ______________ + 11 = 22
6. 17 + 9 = ______________

6 *Was passt zusammen? Verbinde die Satzteile. Schreibe die Lösung in die Kästchen.*

1. Tu n'est pas …
2. Mes copains ont …
3. Nous faisons …
4. Moi, je n'aime pas …
5. Mes parents cherchent …
6. Clément …
7. Tu as quel …
8. Vous grimpez …
9. Mes copines et mes copains sont devant …
10. Le mercredi après-midi, …

a. … des problèmes.
b. … sympa.
c. … une maison.
d. … de la musique.
e. … mon prof d'allemand.
f. … âge?
g. … a dix ans.
h. … nous faisons du sport.
i. … sans corde?
j. … l'entrée du collège.

1. ☐ 2. ☐ 3. ☐ 4. ☐ 5. ☐ 6. ☐ 7. ☐ 8. ☐ 9. ☐ 10. ☐

7 *Was befindet sich auf den Bildern?*
Notiere die Nomen zusammen mit dem unbestimmten Artikel.

1. ______________

2. ______________

3. ______________

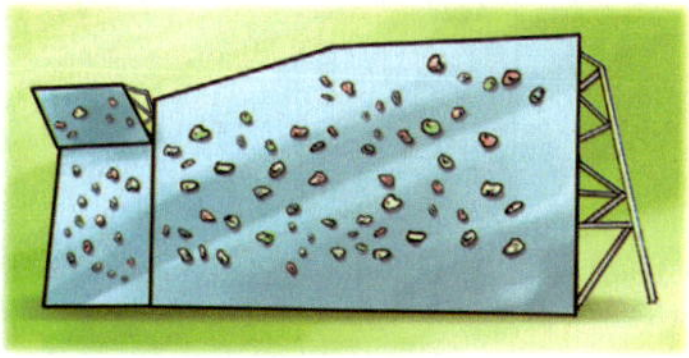

4. ______________

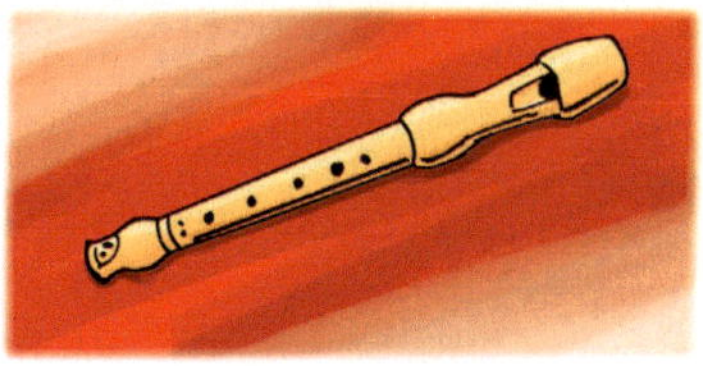

5. ______________

6. ______________

Sac à dos 5

1 **a** *Les trois copains vont où? Folge den drei Strecken des Labyrinths. Zeichne jede Strecke in einer anderen Farbe ein und finde heraus, wohin Anne, Marie und Léo gehen.*

1. 2. 3.

b *Notiere die Antworten und verbinde die Sätze mit **d'abord**, **puis** und **enfin**.*

1. D'abord, Léo ______________________

____

2. Puis Marie ______________________

____

3. Enfin, Anne ______________________

2 *Übermale die Buchstaben W, X, Y und Z. Aus den 16 restlichen Buchstaben kannst du zwei Wörter bilden. Notiere sie zusammen mit dem bestimmten Artikel.*

É	W	Z	Y	X	W	Z	Y	X	W
Y	Z	X	R	X	Y	Z	E	S	W
W	T	X	Y	Z	A	X	U	Z	W
X	T	N	X	A	Y	Z	R	Y	Z
X	Y	C	X	Y	Z	I	Z	Y	Y
W	X	Y	M	W	X	Y	Z	A	Z
Z	W	X	N	Z	X	Z	W	Y	Z

____

____

3 *Irgendetwas stimmt mit dem Dialog nicht! Einige Possessivbegleiter, aber nicht alle, sind nicht korrekt. Überprüfe den Dialog. Wenn der Possessivbegleiter korrekt ist, dann unterstreiche ihn. Wenn er falsch ist, streiche ihn durch und füge die korrekte Form hinzu.*

Le papa de Marie: Alors, vous n'aimez pas vos ________ collège?

Léo et Marie: Si. Nous aimons notre ________ collège,

mais nous n'aimons pas nos ________ profs d'allemand

et de musique.

Le papa de Marie: Vous n'aimez pas ses ________ profs

d'allemand et de musique? Mais pourquoi?

Marie: Ils ont leurs ________ idées et ils ne respectent pas notre ________ idées.

Le papa de Marie: Est-ce que vous discutez parfois[1] avec leur ________ professeurs?

Léo: Un élève ne discute pas avec ma ________ profs.

Le papa de Marie: Ah?

Marie: C'est comme[2] moi avec mon ________ papa! Il ne discute pas avec moi.

1 **parfois** manchmal – 2 **comme** wie

4 *Ergänze die Fragen mit den angegebenen Wörtern.*

qu'est-ce que | pourquoi est-ce que | où est-ce que | Comment est-ce qu' | Quand est-ce que

Léo: Salut, Marie! Ça va?
Marie: Très bien. Et toi?
Léo: Bof, ça va. Marie, ______________________________ tu fais?

Marie: Je vais chez ma copine. Et toi, ______________________________ tu vas?
Léo: Je vais à l'Arche de la Défense avec mes parents. Mon frère travaille dans l'Arche.

Marie: Tu as un frère? ______________________________ il s'appelle?
Léo: Paul!
Marie: Un prénom sympa! Et ______________________________ vous allez à la Défense?
Léo: On va au restaurant avec mon frère: c'est son anniversaire[1].

Marie: ______________________________ vous avez rendez-vous?
Léo: A midi.
Marie: Il est onze heures. Bon appétit[2]! Salut!

5 *Lies die Uhrzeiten und zeichne die Zeiger in die Uhren ein.*

1. Il est dix heures.

2. Il est six heures et demie.

3. Il est onze heures moins le quart.

4. Il est midi et quart.

6 *Il est quelle heure? Notiere.*

1. *Il est* ______________ 2. ______________ 3. ______________ 4. ______________

______________ ______________ ______________ ______________

1 un anniversaire ein Geburtstag – **2 bon appétit** guten Appetit

7 *Das 30-Punkte-Würfelspiel: Du benötigst eine Spielfigur und einen Würfel. Stelle die Spielfigur auf das Feld **Début**. Nun beginnt das Spiel. Du würfelst. Gehe anschließend die angezeigte Punktezahl nach vorne. Bearbeite die Aufgabe des Spielfeldes, auf das du kommst, schriftlich. Wenn du das Feld **Arrivée** erreicht hast, überprüfst du deine Lösungen und notierst deine Punkte. Punkte gibt es natürlich nur für korrekt gelöste Aufgaben. Ist ein Ergebnis falsch, so erhältst du 0 Punkte. Zähle zum Schluss deine Punkte zusammen und trage sie im Feld **Arrivée** ein.*

0–10 points | 11–20 points | 21–30 points

Arrivée[1] ____ *points*

9. Übersetze. links ______ rechts ______ geradeaus ______ *3 points*	*10. Vervollständige.* Anne va ______ musée du Louvre. Léo va ______ un copain. *2 points*	*11. Notiere ein Wort derselben Wortfamilie.* un voleur ______ une cuisine ______ un jour ______ *3 points*	*12. Übersetze.* Paul crie, parce qu'il a peur. ______ ______ *4 points*
8. Où est-ce que Adrien travaille? ______ ______ ______ *1 point*	*7. Nenne drei Verkehrsmittel.* ______ ______ ______ *3 points*	*6. Bilde alle drei Formen des Imperativs von **aller**.* ______ ______ ______ *3 points*	*5. Übersetze.* wann ______ wie ______ wo ______ *3 points*
1. Début[2] 	*2. Verneine den Satz.* Marie habite à Berlin. ______ ______ *2 points*	*3. Vervollständige die Formen von **aller**.* je ______ tu ______ nous ______ vous ______ *4 points*	*4. Übersetze:* d'abord ______ après ______ *2 points*

1 **l'arrivée** die Ankunft – 2 **le début** der Anfang

Sac à dos 6

1 a *Schaue beide Zeichnungen ganz genau an. Es gibt vier Unterschiede zwischen den zwei Zeichnungen. Kreise sie in der zweiten Zeichnung ein.*

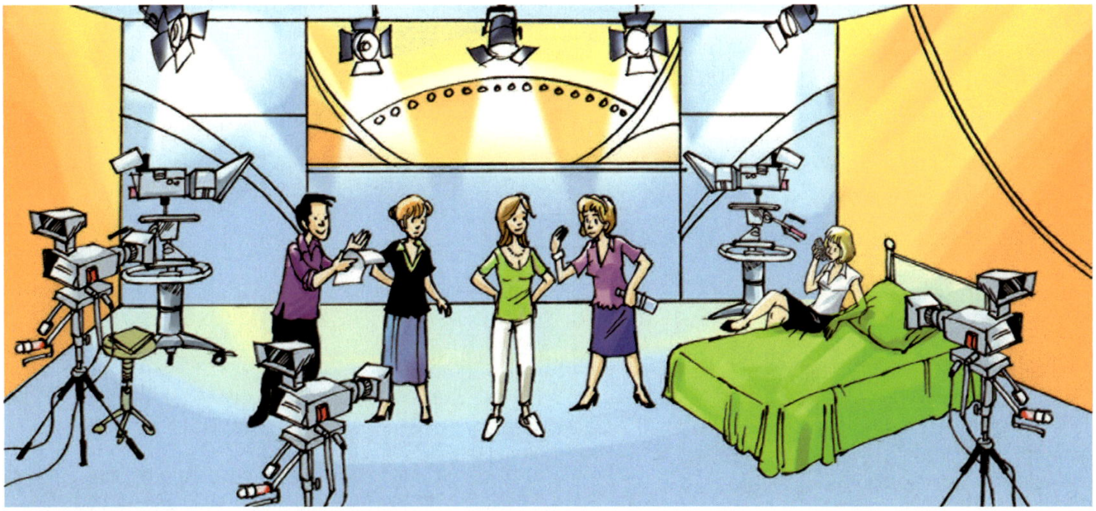

b *Notiere alles, was du in der zweiten Zeichnung siehst. Schreibe ganze Sätze und verwende dabei den unbestimmten Artikel im Singular oder im Plural.*

Dans le studio 2, il y a ...

2 **a** *Eine Frage, eine Antwort! Verbinde, was zusammenpasst. Schreibe die Lösung in die Kästchen.*

1. Est-ce que tu tournes souvent des films?
2. Est-ce que tu manges parfois[1] au restaurant?
3. Est-ce que tu aimes les BD?
4. Est-ce que tu regardes souvent la télé?
5. Est-ce que vous savez vos textes par cœur?
6. Qu'est-ce que tu vas manger aujourd'hui?

a. Non, je n'aime pas les BD.
b. Aujourd'hui, je ne vais rien manger!
c. Non, je ne tourne pas souvent des films.
d. Non, je ne regarde jamais la télé.
e. Non, nous ne savons pas nos textes par cœur.
f. Non, je ne mange jamais au restaurant.

1. ☐ 2. ☐ 3. ☐ 4. ☐ 5. ☐ 6. ☐

b *Kreise die Verneinungselemente ein.*

3 *Drei böse Schlangen haben Sätze aufgefressen. Nun sind die Wörter nicht mehr an ihrem richtigen Platz. Versuche die Sätze zu rekonstruieren und notiere sie.*

1. ______________________________

2. ______________________________

3. ______________________________

1 **parfois** manchmal

4 *Alle haben sich für die nächsten Tage viel vorgenommen.*
*Ergänze die Sätze mit dem **Futur composé** der angegebenen Verben.*

1. Marie ______________________ (tourner) un film avec ses copains.

2. Léo et Anne ______________________ (jouer) dans son film.

3. Léo à son papa: «Dans le film de Marie, Anne et moi, on ________________ (faire) de l'escalade.»

4. Le papa de Léo à Léo: «Vous ________________ (faire) de l'escalade? Dans le film?»

5. Léo à son papa: «Oui, nous ________________ (faire) de l'escalade. Dans une scène,

   on ________________ (grimper).»

6. Le papa de Léo à Léo: «Mais c'est dangereux[1]. Je ne suis pas d'accord!»

7. Léo à son papa: «Ça ______________________ (ne pas être) dangereux, parce que

   le prof de sport ____________________ (tourner) dans notre film!»

5 *Schaue dir die Zeichnungen an und vervollständige die Sätze*
*mit den passenden Formen von **pouvoir, vouloir** oder **savoir**.*

1. Le chien ______________ grimper dans l'arbre, mais il ne __________ pas. Marie ____________ très bien grimper.

2. Les chats ne ________________ pas manger leurs croquettes.

1 **dangereux** gefährlich

6 **a** *Lies den Dialog und kreise alle Formen der Verben **savoir**, **pouvoir** und **vouloir** ein.*

1. *Léo:* Salut, Marie.
Marie: Bonjour, Léo. Qu'est-ce que tu vas faire aujourd'hui?
Léo: Aujourd'hui, je vais faire des pizzas[1].
Marie: Tu sais faire ça, toi?
Léo: Oui. Pourquoi?
Marie: Moi, je ne sais pas. Mais j'aime bien les pizzas!
Nous pouvons faire des pizzas ensemble …
Léo: Est-ce que tu veux venir[2] chez moi?
Marie: Oui … Je téléphone à mon père.

2. *Marie:* Allô, papa?
Le papa de Marie: Oui, Marie. Qu'est-ce que tu veux?
Marie: Est-ce que je peux aller chez Léo?
Le papa de Marie: Oui. Tu peux.
Vous voulez travailler ensemble?
Marie: Oui. On veut travailler ensemble.
Le papa de Marie: Bravo!
Marie: A la cuisine.
Le papa de Marie: A la cuisine?!!
Marie: On va faire des pizzas …

b *Stimmen die Sätze? Das entscheidest du, indem du entweder **vrai** (richtig) oder **faux** (falsch) ankreuzt.*

	vrai	faux
1. Marie parle à Léo.	☐	☐
2. Marie sait faire des pizzas.	☐	☐
3. Marie aime les pizzas.	☐	☐
4. Marie ne téléphone pas à son père.	☐	☐
5. Le père demande: «Est-ce que vous voulez jouer?»	☐	☐
6. Les deux amis vont travailler à la cuisine.	☐	☐

1 une pizza eine Pizza – **2 venir** kommen

Station 2

Activités pour des champions

1 *Du kannst dich schon mit „echten“ Franzosen unterhalten.*
Was sagst du in den folgenden Situationen? Notiere.

1. Du fragst, wie alt dein Freund / deine Freundin ist.

____

2. Du möchtest wissen, ob er / sie Musik macht oder Fußball spielt.

____

3. Du bist in Paris und möchtest zum Eiffelturm gehen.
   Du fragst einen Passanten nach dem Weg.

____

4. Du sagst den Eltern deines Freundes / deiner Freundin, dass du morgen gerne ins Kino gehen möchtest. Du fragst auch, ob du darfst.

____

2 *Errate die Wörter, die zu den Definitionen passen, und schreibe sie in das Kreuzworträtsel.*
Das Lösungswort in der farbig unterlegten Spalte lobt deine Arbeit. Finde heraus, wie es lautet.

1. Synoyme[1] de «salut».
2. Il tourne des films.
3. Le verbe pour former[2] le futur composé.
4. Les jeunes ne vont plus au collège: c'est enfin les …
5. Un pronom sujet au singulier.

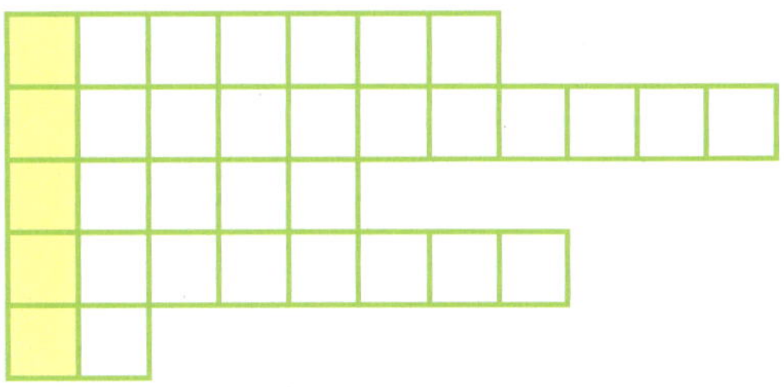

---
2 un synonyme ein Synonym – **2 former** bilden

Station 2

3 *Welche Verbform passt? Kreuze die passende Verbform an.*

1. Léo et moi, nous (?) faire des pizzas[1].	allez	allons	vais
2. Qu'est-ce que vous (?) aujourd'hui?	font	fais	faites
3. Vous (?) votre texte par cœur?	savez	savent	sait
4. Est-ce que je (?) aider?	peut	peux	peuvent
5. Le réalisateur (?) tourner la scène.	veut	veux	voulez
6. Mes parents (?) au cinéma.	vais	vas	vont
7. Je (?) travailler avec mon ordinateur.	savons	sais	sait
8. Tu (?) manger au restaurant?	veut	veulent	veux

4 *Rekonstruiere die Sätze.*

1. copains / Schlanstein / fille. / pizzas / aux / Madame / de / donne / des / sa

____

2. La /de / Léo / amies. / à / ses / téléphone / maman

____

3. est-ce que / les / leurs / posent / des / questions / à / Quand / élèves? / professeurs

____

5 *Bilde die passenden Fragen zu den Antworten.*

1. ______________________________
– Non, je n'aime pas les BD.

2. ______________________________
– Je m'appelle Marie Schlanstein.

3. ______________________________
– Nous allons au collège à huit heures.

1 **une pizza** eine Pizza

Sac à dos 7

1 *Ordne die Uhrzeiten den passenden Uhren zu.*
Notiere die entsprechenden Buchstaben in dem jeweiligen Kästchen.

1. ☐ Il est dix heures cinq.
2. ☐ Il est dix heures vingt.
3. ☐ Il est dix heures et demie.
4. ☐ Il est onze heures moins vingt-cinq.
5. ☐ Il est onze heures moins le quart.
6. ☐ Il est onze heures moins cinq.

2 *Notiere die Gegensätze.*

1. blanc ≠ ____________________
2. la ville ≠ ____________________
3. petit ≠ ____________________
4. mauvais ≠ ____________________
5. souvent ≠ ____________________
6. un peu de gâteau ≠ ____________________

3 *Schaue dir die Zeichnungen an und notiere die entsprechenden Daten.*

1. *C'est le* ____________________
2. ____________________
3. ____________________
4. ____________________

4 a *Male das Bild mit Hilfe des folgenden Hinweises an.*

Colorie[1] le pantalon de Marie en noir, son chemisier[2] en vert, son chapeau de soleil[3] en rouge, son sac à dos[4] en bleu, la robe d'Isabelle en jaune, le banc en marron.

b *Schaue dir das angemalte Bild noch einmal an und vervollständige die Sätze mit den angegebenen Adjektiven.*

jolie vert grand petit rouge contentes marron super noir jaune

1. J'aime la robe ____________________ d'Isabelle. Elle est très ____________________.
2. Marie porte un chemisier ______________. Son chemisier est trop ______________.
3. Le chapeau de Marie est ____________________. Il est ____________________!
4. Je n'aime pas le pantalon ________________ de Marie. Il est trop ________________.
5. Marie et Isabelle sont sur le banc ______________. Les deux sont très ______________.

1 colorier anmalen – **2 un chemisier** eine Bluse – **3 un chapeau de soleil** ein Sonnenhut – **4 un sac à dos** ein Rucksack

5 *Beschreibe, was du alles auf der ersten und der zweiten Zeichnung siehst. Verwende dabei die angegebenen Mengenangaben.*

beaucoup de — trop de — peu de — un peu de — pas de

Im Französischen steht zwischen der Mengenangabe und dem folgenden Nomen **de**.
Vor Vokal wird **de** zu **d'** verkürzt.
Alors, tu n'as **pas de** problèmes!

1. *Sur le dessin numéro 1, il y a beaucoup de mousse au chocolat[1],*
mais sur le dessin numéro 2 …

2.

3.

4.

5.

1 **une mousse au chocolat** eine Art Schokoladencreme

6 *Ergänze den Text mit den angegebenen Adjektiven in der passenden Form. Achte dabei auf die korrekte Adjektivangleichung.*

mauvais – grand (2x) – petit – joli – content – bon – bizarre

A l'anniversaire de sa mère, Léo, fait des ________________ photos de la fête.

Et la sœur de Léo, Elsa, fait des ________________ gâteaux. Alors leur maman est très

________________ . Elsa a quatorze ans. C'est déjà une ________________ fille.

Pour Léo, sa sœur a souvent des ________________ idées. Normal[1]: c'est une fille.

Et pour Elsa, son frère, Léo, a souvent des idées un peu ________________.

Normal: c'est son ________________ frère. Et elle, c'est la ________________ sœur!

7 *Lies den Dialog und vervollständige die Sätze, indem du die passende Verbform ankreuzt.*

Léo et Marie: Nous ☐ lisent / ☐ lisons une BD sur l'histoire de Paris.

Le professeur: Bravo! Maintenant, les élèves, vous ☐ prenons / ☐ prenez vos cahiers[2] et vous ☐ écrivez / ☐ écrivent les solutions du problème!

Léo: Nous ☐ prenons / ☐ écrivons la solution dans nos cahiers?

Le professeur: Oui. … Maintenant, Marie, tu ☐ lit / ☐ lis , s'il te plaît, la leçon.

Marie: Je ne peux pas ☐ écrire / ☐ lire la leçon. Je n'ai pas mon livre.

Le professeur: Bravo! ☐ Écris / ☐ Prends le livre de Léo et ☐ lis / ☐ lisez la leçon!

Léo: Je n'ai pas mon livre, monsieur …

Le professeur: Bravo! Maintenant, Marie et Léo, vous ☐ écrivent / ☐ écrivez vingt fois : «Je ne dois[3] pas oublier mon livre.»

---

1 normal normal, logisch – **2 un cahier** ein Heft – **3 je ne dois pas** ich darf nicht

Sac à dos 8

1 *Errate die gesuchten Wörter und schreibe sie in das Kreuzworträtsel. So kannst du herausfinden, wie das Lösungswort in der farbig unterlegten Spalte lautet.*

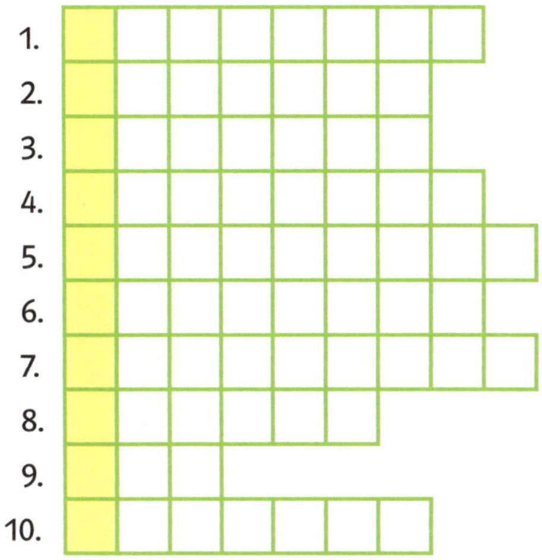

1. Il arrête les voleurs.
2. Une histoire drôle, ça fait (?).
3. Le mois après septembre.
4. Rombly est un village (?).
5. Les profs font souvent ça.
6. 60 + 10, ça fait (?) pour les Belges.
7. A Bruxelles, Malika achète beaucoup de (?) pour ses parents.
8. La France, l'Allemagne et la Belgique sont en (?).
9. L'article indéfini au singulier au féminin.
10. Tu m'écris une lettre, et moi je te[1] (?).

2 *Die Schlangen haben alle Wörter aufgefressen. Deshalb gibt es keine vollständigen Sätze mehr. Rekonstruiere die Sätze und notiere sie.*

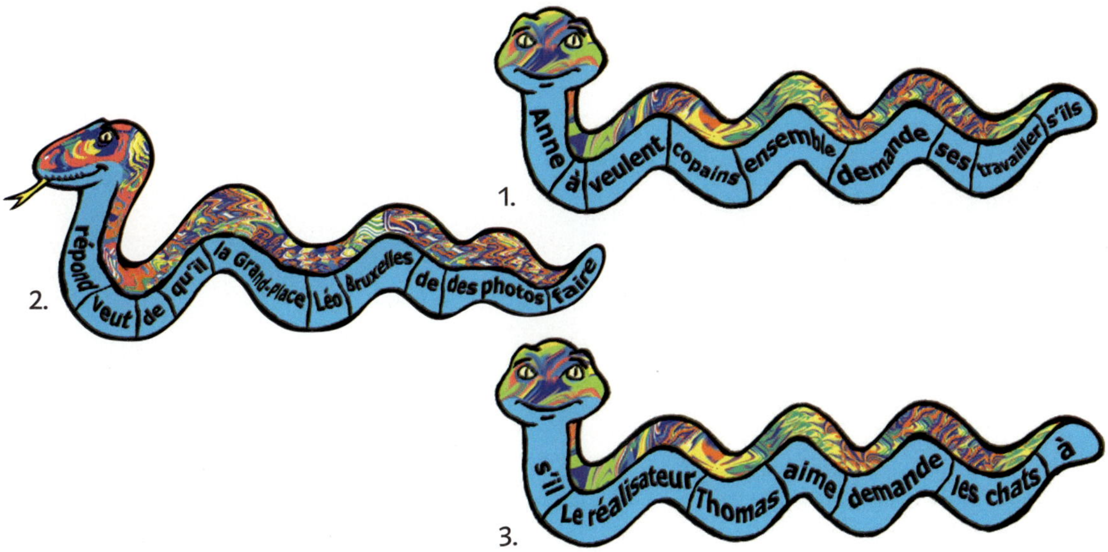

1. ____________________

2. ____________________

3. ____________________

---

1 te dir – **2 la Grand-Place de Bruxelles** großer Platz im Zentrum von Brüssel

3 *Teste und erweitere dein Wissen über Frankreich und Belgien.* ***Vrai*** *oder* ***faux****, das ist hier die Frage. Kreuze die richtige Antwort an. Wenn du etwas nicht weißt, recherchiere ein wenig oder frage deine Eltern. Das ist alles erlaubt.*
Überprüfe anschließend dein Ergebnis im Lösungsheft. Für jede korrekte Antwort erhältst du zwei Punkte. Welche Note hast du nach der französischen Bewertungsskala erreicht?

	vrai	faux	points
1. Bruxelles, c'est une ville belge.	☐	☐	☐
2. Les Français disent «septante».	☐	☐	☐
3. En Belgique, on paie avec des euros.	☐	☐	☐
4. En France, les notes vont de 0 à 18.	☐	☐	☐
5. En France, on ne fait pas la bise.	☐	☐	☐
6. En Belgique, on dit «nonante».	☐	☐	☐
7. En Belgique, on mange des frites.	☐	☐	☐
8. A Bruxelles, on parle allemand et anglais.	☐	☐	☐
9. A Bruxelles, il n'y a pas de métro.	☐	☐	☐
10. Au téléphone, on dit son nom en France.	☐	☐	☐

4 *Dieses Gespräch findet in einem Fast-food-Restaurant statt. Aber der Dialog ist total durcheinander geraten. Kannst du Ordnung in diese Unordnung bringen? Trage die Ziffern von 1 bis 11 in der Reihenfolge des Dialoges in die Kästchen ein.*

☐ *Le garçon:* Un grand, s'il vous plaît.
1 *La vendeuse*[1]: C'est à qui?
☐ *La vendeuse:* Merci. Au revoir.
☐ *Le garçon:* Ça fait combien?
☐ *Le garçon:* C'est à moi, madame.
☐ *La vendeuse:* Qu'est-ce que tu désires?
☐ *La vendeuse:* Un petit ou un grand?
☐ *La vendeuse:* 2 euros et 40 centimes. Tu veux autre chose?
☐ *Le garçon:* Non, merci. Au revoir, madame.
☐ *Le garçon:* Je voudrais un cornet[2] de frites, s'il vous plaît.
☐ *La vendeuse:* Bien.

5 *Lies den Dialog und vervollständige die Sätze, indem du die passende Verbform ankreuzt.*

Marie: Aujourd'hui, j' ☐ achète / ☐ achetons / ☐ achètes des BD.
Léo: Qu'est-ce que tu ☐ paies / ☐ paie / ☐ achètes ?
Marie: Je ☐ dites / ☐ dis / ☐ dit qu'aujourd'hui, mon frère et moi, nous ☐ achetons / ☐ achètent / ☐ disent des BD.
Léo: Vous ☐ achetez / ☐ achètent / ☐ dire des BD, d'accord, mais qui va ☐ dire / ☐ acheter / ☐ payer ?
Marie: Toi!
Léo: Tu ☐ rigolent / ☐ rigoles / ☐ rigole ...
Marie: Non.
Léo: Je ☐ paies / ☐ paie / ☐ payons pour moi. Tu ☐ disons / ☐ achète / ☐ paies pour toi. Tu ☐ comprennent / ☐ comprenez / ☐ comprends ?
Marie: Non. Tu ☐ dites / ☐ dire / ☐ paies avec les 20 euros que tu me dois[3].
Léo: Je ne les ☐ ai / ☐ avons / ☐ a pas.
Marie: Ta sœur les ☐ a / ☐ as / ☐ ont . Alors, demain, ta sœur et toi, vous ☐ payez / ☐ dites / ☐ paies nos BD.
Léo: Euh ...

---
1 une vendeuse eine Verkäuferin – **2 un cornet** eine Tüte – **3 que tu me dois** die du mir schuldest

1 *Sowohl auf dem Sonnenschirm als auch auf dem Flugzeug gibt es einen ungebetenen Gast oder mehrere ungebetene Gäste. Finde sie und notiere, warum sie nicht zu dem jeweiligen Thema gehören.*

1. Le parasol[1] : ______________________________

____

2. L'avion[2] : ______________________________

____

2 *Entschlüssele den Buchstabensalat und finde die versteckte Verbform. Notiere anschließend das passende Personalpronomen vor jeder Verbform.*

1. entsort ______________
2. monsdor ______________
3. srap ______________
4. zpeatr ______________
5. ossr ______________
6. trod ______________

1 un parasol ein Sonnenschirm – **2 un avion** ein Flugzeug

3 **a** *Lies die Sätze in den Kästen durch und ordne sie den Sprechblasen zu. Notiere den jeweiligen Buchstaben in der passenden Sprechblase.*

a. C'est cher, mais je la prends.

b. L'affiche où on voit Marrakech?

d. C'est 20 euros!

c. Zut! J'ai oublié mon argent …

f. Je voudrais acheter l'affiche qui est sur le mur.

e. Je vous comprends.

g. Tu me comprends, d'accord, mais ton argent, je ne le vois pas.

h. Je peux t'aider. Moi, j'ai de l'argent.

i. Je l'achète, l'affiche. Merci, Anne.

b *Lies den Dialog laut vor dich hin und unterstreiche die Objektpronomen in Rot.*

c *Lies den Dialog erneut und finde die drei Relativpronomen, die in dem Dialog versteckt sind. Kreise sie in Blau ein.*

4 Das 220-Punkte-Würfelspiel: Du benötigst eine Spielfigur und einen Würfel. Stelle die Spielfigur auf das Feld **Début**. Nun beginnt das Spiel. Du würfelst. Gehe anschließend die angezeigte Punktezahl nach vorne. Folge der Anweisung oder bearbeite die Aufgabe des Spielfeldes, auf das du kommst. Markiere alle Spielfelder, auf die du gekommen bist.

1. Départ

2. Bilde Sätze im Passé composé:

1. Anne – prendre – des photos

____

2. j' – dormir – trois heures

____

2 x 10 points

3. Ergänze durch Pronomen:

– Maman et moi, nous allons faire des courses?

– Est-ce que nous pouvons ________ accompagner?

– Non, vous ne pouvez pas ________ accompagner.

2 x 5 points

12. Notiere die Zahlen in Ziffern.

1. neuf cent quantre-vingt-dix-neuf

____

2. cinq cent cinquante-cinq

____

2 x 5 points

11. Bilde alle drei Formen des Imperativs von sortir.

____

____

____

3 x 5 points

10. Nenne drei Urlaubsmöglichkeiten, z. B. la ville und ?

1. ______________________
2 ______________________
3. ______________________

3 x 5 points

13. Bilde Sätze:

1. pull – Est-ce – tu – mis – que – as – ton

____

2. vu – les – bateaux – Vous – beaux – avez

____

2 x 10 points

14. Errate die Wörter und setze den unbestimmten Artikel davor:

1. tteepêm

____

2. yetcsilc

____

2 x 5 points